Heike Harms

Borden und Ornamente auf Gerstenkorn-Leinen

D1869106

Materialangaben und Arbeitshinweise in diesem Buch wurden von der Autorin und den Mitarbeitern des Verlags sorgfältig geprüft. Eine Garantie wird jedoch nicht übernommen. Autorin und Verlag können für eventuell auftretende Fehler oder Schäden nicht haftbar gemacht werden. – Für eine Verbreitung des Werkes durch Film, Funk und Fernsehen, Fotokopien oder Videoaufzeichnungen ist eine Genehmigung oder Lizenz des Verlags erforderlich.

ISBN 3-7724-1302-1 · Best.-Nr. 1302 ·

1. 2. 3. 4. 5. Auflage
Erste Zahl maßgebend

frech-verlag

Jahr: 1993 92 91 90 89
Letzte Zahl maßgebend

Printed in Western Germany · Druck: Frech, Stuttgart-Weilimdorf

Fotos: Birgitt Gutermuth – Wir danken dem Möbelhaus FRANZ dafür, daß wir in den Ausstellungsräumen fotografieren durften.

Die Tisch- und Küchenwäsche wurde in früheren Zeiten gerne mit Zierstichen versehen. Auf Gerstenkorn-Leinen stickte man einfache Borden, indem mit einer stumpfen Nadel viele Fadengruppen in einer bestimmten Reihenfolge aufgehoben werden. Dabei handelt es sich um eine Art Durchzugtechnik, wie sie in manchen Sticklehrgängen auf Würfelstoff durchgeführt wird.

Anfang der 60er Jahre wurde meine Mutter auf eine alte Borde aufmerksam und begann, diese Sticktechnik zu erweitern. Seit Ende der 70er Jahre beschäftigen wir uns intensiv mit dieser alten Stickerei und entwickelten bald eine Reihe neuer Borden, die unsere alten Stoffe in neuem Glanz erscheinen ließen. Mit Begeisterung wurde die Bordenstickerei besonders von der Landbevölkerung aufgenommen, da auf den Bauernhöfen noch einiges an Leinen zu finden ist. Mit regem Interesse wurden meine Volkshochschulkurse besucht, zumal einige Teilnehmer alte Stücke aus Großmutters Truhe verwenden konnten. Eine Weberei entschloß sich, wieder Gerstenkorn-Stoffe zu weben, so daß nun jeder Interessierte diese recht einfache Sticktechnik erlernen kann. Die damals vermittelten Bordenbeispiele sind in dem 1986 erschienenen TOPP-Buch 1072 „Bordenstickerei auf Gerstenkorn-Leinen“ zu finden.

Die Wirkung der fertiggestellten Decken und die Freude, mitzuerleben, wie begeistert meine Ausstellungen aufgenommen wurden, veranlaßten mich, neue Muster zu erarbeiten. Da die Gestaltungsmöglichkeiten dieser Stoffe fast unbegrenzt erschien, ergaben sich weitere Vorschläge, wie z. B. das Sticken von Ornamenten.

Aufbügelmuster oder selbst erarbeitete Motive können auf den Stoff übertragen werden, um sie mit Stielstich zu umsticken und anschließend die Flächen mit Durchzugfäden auszufüllen. Weitere Musteranordnungen ergeben sich durch einen neuen, gerstenkornähnlichen Stoff, bei dem die üblichen, ögenfreien Flächen mit senkrechten Fadengruppen ausgefüllt werden. Die sonst in Streifen angeordneten Borden können auf diesem Material auch über Eck gearbeitet werden.

Das große Interesse und die entgegengebrachte Freude handarbeitsinteressierter Frauen spornten mich an, weitere Motive zu entwickeln. Der Verlag und nette Menschen ermunterten mich, die inzwischen große Musterauswahl in einem zweiten Buch zusammenzufassen. Bei den hier vorgestellten Borden und Ornamenten handelt es sich größtenteils um Eigenentwürfe, ein paar wenige Beispiele stammen aus alten Mustervorschlägen. Mit Interesse und Phantasie kann jeder diese leicht erlernbare Sticktechnik ausüben, um alte wie auch neue Gerstenkorn-Stoffe mit eigenen Ideen zu gestalten.

Stoffe

In vielen landwirtschaftlichen Betrieben wurde durch die Wiederbelebung der bäuerlichen Kultur bis nach 1930 die Handweberei durchgeführt. Der Webstuhl stand im Sommer zerlegt auf dem Speicher, für die Wintermonate, meist erst nach Weihnachten, wurde er herabgeholt und aufgestellt. In der Regel hatte er eine Breite von 80 cm, um die benötigte Tisch- und Bettwäsche herstellen zu können.

Zusätzlich zum schlichten Leinengewebe wurde für Tisch- und Küchenwäsche das Gerstenkornmuster gearbeitet. Es zählt zu den Körperbindungen und ist ein von der Leinenweberei her allgemein bekanntes Muster. Heute wird es maschinell hergestellt und ist im Handel wieder erhältlich.

Beim Weben auf einem dazu benötigten vierschäftigen Webstuhl wurde damals mit drei Tritten und drei Schäften gearbeitet, die in unterschiedlich wechselnder Reihenfolge getreten wurden. Bis 1910 wurde auf den bäuerlichen Höfen hauptsächlich Reinleinen gewebt, da bis zu dieser Zeit der Flachsanbau in voller Blüte stand. Nach dem ersten Weltkrieg lag der Schwerpunkt aus Kostengründen bei der Halbleinenherstellung. Die Kette wurde aus gekauftem Baumwollgarn aufgezogen, die Querfäden, auch Schuß genannt, wurden mit Leinen gearbeitet. Reinleinen ist in der Anschaffung teurer und hat einen natürlichen Glanz, der oft erst nach dem Waschen richtig zur Geltung kommt. Auf lange Jahre gesehen, ist Halbleinen allerdings dauerhafter, da reines Leinen im Alter brüchig werden kann. Bei alten Geweben ist es daher möglich, daß die Bruchstellen vom langen Liegen leichte Beschädigungen aufweisen, die durch den Waschvorgang noch verstärkt werden können.

Gerstenkorn-Halbleinen ist in einigen norddeutschen Gegenden auch unter dem alten Namen „Ögendrell" bekannt. Mit „Ögen", übersetzt „Augen", sind die wie ein Rechenkästchen angeordneten Fadengruppen zu je 3 Fäden gemeint, die sich wie ein Raster über den ganzen Stoff ziehen. Bei alten Handtüchern und Tischtuchrollen sind sie oft in verschieden breiten Streifen zu finden, dazwischen liegen ögenfreie Flächen.

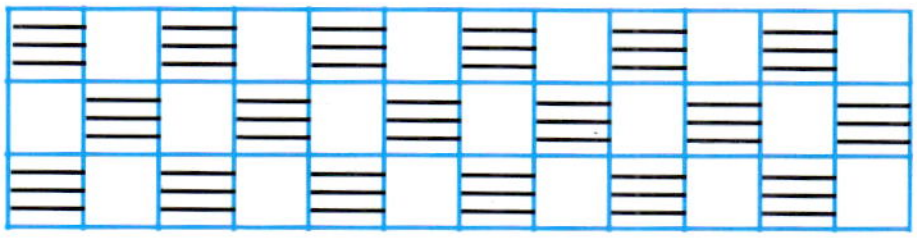

Außerdem gibt es eine Vielzahl abgewandelter Webmuster, die oft individuell in den Betrieben entworfen wurden. Das eine oder andere Muster wird heute wieder hergestellt und ist im Handel erhältlich.

Auf der Suche nach alten Gerstenkorn-Stoffen kann sich Großmutters Leinenschrank als wahre Fundgrube erweisen. Mit etwas Glück können alte Muster auch auf dem Trödelmarkt als Liebhaberstücke erworben werden.

Vorbehandlung des Stoffes

Gerstenkorn-Stoffe müssen vor Gebrauch gekettelt oder umstochen werden, damit sie beim Waschen und bei der späteren Weiterverarbeitung nicht ausfransen. Alte Gerstenkorn-Stücke müssen auf evtl. vorhandene Fehler nachgesehen werden. Sollen alte Säume aufgetrennt werden, um Handtücher oder Tischtücher mit Spitze einzufassen, wird dies ebenfalls vor dem Waschen erledigt. Eingeschlossene Fusselteile und Fadenreste werden sofort entfernt.

Es ist ratsam, Halbleinenstoffe vor dem Stickbeginn zu waschen, da sie wegen ihres Baumwoll-Anteils bis zu 10% einlaufen können. Dieser Verlust ist beim Kauf auf die benötigte Deckenlänge aufzuschlagen. Man muß damit rechnen, daß auch alte Stoffe noch einlaufen.

Die Baumwoll-Kettfäden schrumpfen stärker als der Leinenschuß, somit sind die Fadengruppen nach dem Waschen leichter mit der Nadel aufzuheben, da sie nun locker auf der Oberfläche liegen.
Bei Reinleinen-Gewebe bestehen Kette und Schuß aus Leinen, beides läuft höchstens 5% ein. Daher ist es nicht unbedingt erforderlich, diese Stoffe vor dem Sticken zu waschen.
Das zum Sticken benötigte Perlgarn läuft nicht ein.
Alte Leinenstücke aus der Truhe können durch das lange Liegen gelbe Flecke (auch in größerem Ausmaß) aufweisen. Sie verschwinden meistens schon während der ersten Kochwäsche. Evtl. vorhandene Rostflecke werden mit speziellem Rostentferner behandelt.

Die benötigten Stickutensilien

Neben dem Stoff, den wir besticken wollen, wird passendes Stickgarn benötigt. Besonders gut eignet sich Perlgarn Nr. 3, da seine Garnstärke am besten zu der groben Struktur des Gerstenkorns paßt. Der matte Glanz dieses Baumwollgarnes harmoniert gut mit dem natürlichen Leinenglanz, zumal beim Gerstenkorn die Leinenfäden auf der Oberfläche verstärkt hervortreten.
Bei feinem, altem Gerstenkorn-Leinen (Halbleinen) mit entsprechend kleineren Ögen, empfiehlt es sich, Perlgarn Nr. 5 zu verwenden, da die Muster anderenfalls gedrängt und klobig wirken können. Die Borden erscheinen auf diesem Stoff zwar etwas kleiner, ergeben aber ein feines und reizvolles Stickbild.

Als weiteres Handwerkszeug verwenden wir eine Sticknadel ohne Spitze, weil mit ihr gut die Fadengruppen aufgehoben werden können. Außerdem benötigen wir eine Schere. Ein Stickrahmen ist nicht erforderlich, da die Arbeit schnell von der Hand geht und das dauernde Umspannen des Rahmens nur hinderlich wäre.

Was sticken wir?

Wer sich für die Gerstenkorn-Stickerei entschieden hat, wird feststellen, wie einfach und schnell diese Handarbeit gefertigt werden kann. Entsprechend der Wohnungseinrichtung, dem Geschmack und der eigenen Phantasie lassen sich hübsche Kaffee- und Abendbrotdecken passend zum Geschirr herstellen. Auch Läufer und Mitteldecken, auf eine farblich abgestimmte Unterdecke aufgelegt, können einen reizvollen Blickfang ergeben. Weiß in Weiß gestickte Gerstenkorn-Stücke vermitteln einen sehr edlen Eindruck, zumal das etwas glänzende Perlgarn den natürlichen Leinenglanz und die Webstruktur besonders gut heraushebt.
Umgekehrt ist es möglich, die Stoffe zu färben, zumal sie wegen ihrer pflanzlichen Herkunft sehr gute Färbeeigenschaften aufweisen. Diese Art der Verarbeitung empfiehlt sich besonders bei der Herstellung von Tagesdecken oder Küchengarnituren. Aber auch farbige Kaffee- oder Abendbrotdecken können sehr wirkungsvoll zur Geltung kommen. Gestickt wird dabei in Weiß mit passend auf die Färbefarbe abgestimmten Tönen.
Farbige Mitteldecken, Läufer, Sets oder Tischbänder, kombiniert mit passenden Unterdecken, Servietten und Kerzen können die Tischdekoration beleben.
In einer rustikalen Küche wirken geraffte, kurze Vorhänge mit einer etwas breiteren Randborde. Außerdem können für die Küche noch Überhandtücher, Kissen, Kaffemützen und Toasterhüllen gearbeitet werden. Es ist also möglich, eine Vielzahl verschiedener Teile herzustellen, wobei der eigenen Phantasie keine Grenzen gesetzt sind.

Überlegungen vor dem Stickbeginn

Die Abmessungen des Werkstückes und die gewünschte Farbzusammenstellung sollten vor dem Sticken festgelegt werden. Die Bordenanordnung kann von der Mitte aus erfolgen oder sich auf den Deckenrand beziehen. Je nach Wunsch können flächenfüllende Motive oder mehrere verschieden breite Streifen gewählt werden. Breite Borden werden von innen nach außen gestickt, bei kleineren Motiven können wir auch mit der Außenreihe beginnen. Außerdem sollten Sie sich über die Randbefestigung im klaren sein, um bei der Musterauswahl Borden und Spitze harmonisch abzustimmen. Falls ein Saum gearbeitet werden soll, muß dafür genügend Platz gelassen werden.

Stehen mehrere alte Webstücke zur Verfügung, wählen wir das schönste und wertvollste zuerst aus. Altes Leinen kann mit den Jahren brüchig werden. Wir brauchen uns nicht zu scheuen, ein altes Webstück zu teilen, wenn das abgeschnittene Resttuch ebenfalls Verwendung findet. Diese Möglichkeit ist besser, als die schönen Leinenstoffe für weitere 20 Jahre in der Truhe zu belassen, da die Haltbarkeit doch begrenzt ist.
Gerstenkorn-Streifen werden von der Mitte aus bestickt, um die Borden gleichmäßig anordnen zu können. Schmale, ögenfreie Streifen können mit Bögen, Schlingen oder Zierstichen (z.B. Hexenstich) überbrückt werden.

Die Grundmuster

Die Ögendrellstickerei besteht aus geraden Linien und verschiedenen Schlingen und Schleifen, die in veränderten Kombinationen unterschiedliche Borden ergeben. Man kann mit einfachen Stichen hübsche Schmuckeffekte erzielen.
Beim Sticken werden die einzelnen Fadengruppen mit einer Nadel aufgehoben, dabei wird der Stoff nicht durchstochen (siehe **Abbildung rechts**).

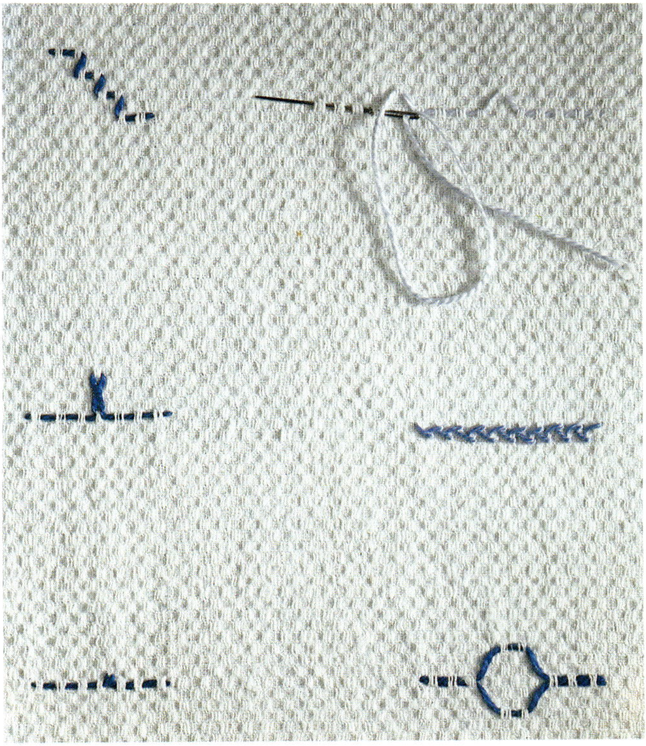

Die Grundstiche

Folgende Grundstiche kehren immer wieder:

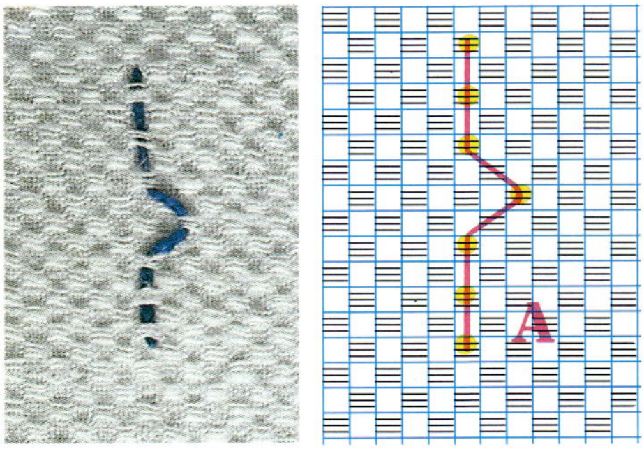

A Der einfache Bogen

Gestickt wird aus einer Richtung, am besten von unten nach oben. Um den Bogen zu stikken, wird die folgende Öge um ein oder zwei Reihen nach links oder rechts versetzt, um dann wieder in der geraden Linie weiterzusticken.

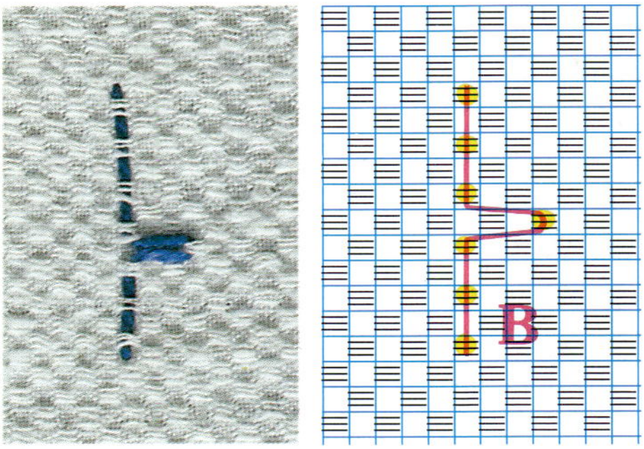

B Die offene Schlinge

Bei der offenen Schlinge hebt man eine Öge aus einer versetzten Reihe auf und stickt dann in der geraden Linie weiter, ohne eine Öge auszulassen. Die offene Schlinge ist nach unten geöffnet.

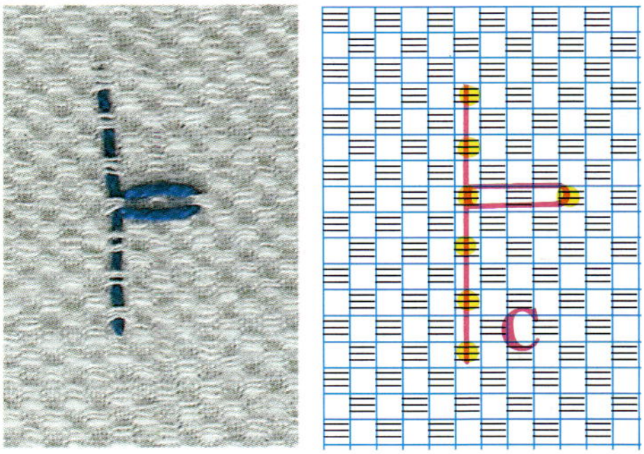

C Die geschlossene Schlinge

Nach einer geraden Linie wird eine Öge aus einer parallelen Reihe in entgegengesetzter Stickrichtung (von oben) aufgehoben. Die Öge aus der geraden Linie wird dann nochmals aufgehoben, um die gerade Linie weiterzuziehen. Die geschlossene Schlinge ist auch nach unten zu.

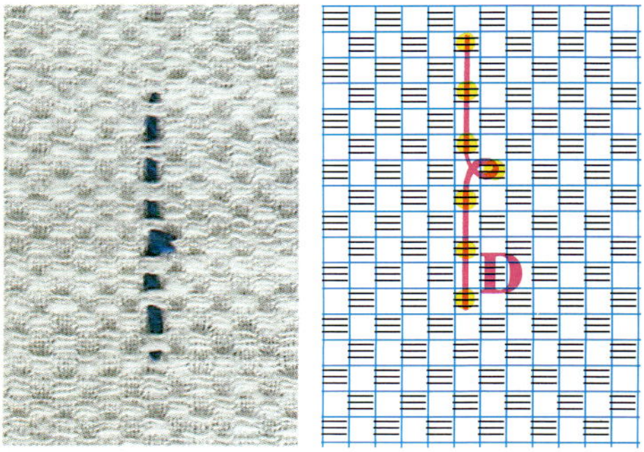

D Die Schleife

Sie ähnelt der offenen Schlinge. Nach einer geraden Linie wird aus der versetzten Reihe eine Fadengruppe aus entgegengesetzter Stickrichtung aufgehoben, um dann die gerade Linie wieder aufzunehmen.

E Die Achterschlinge

Sie ist der geschlossenen Schlinge ähnlich. Hier wird aus einer parallelen Reihe eine Öge aufgenommen, danach wird die letzte Öge der geraden Linie nochmals durchgezogen.

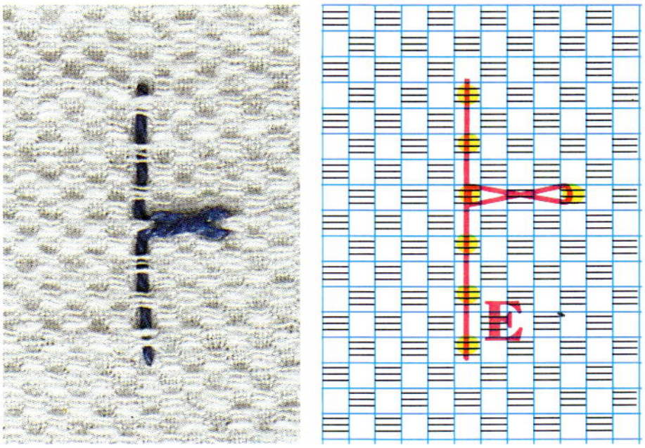

F Das Treppchenmuster

Mit ihm lassen sich Muster gut erweitern. Es besteht aus kurzen geraden Linien, die nach Aufheben von 2-3 Ögen in die nächste parallele Reihe weiterführen.

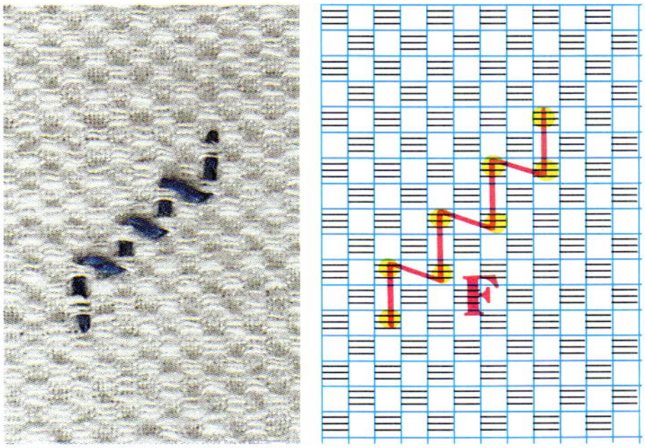

G Das Rautenmuster

Das flächenfüllende Muster wird von der Mitte aus nach rechts und links gestickt und besteht aus geraden Linien. Um als Abschluß die Rauten zu schließen, können die verschiedenen Schlingen und Schleifen angewandt werden.

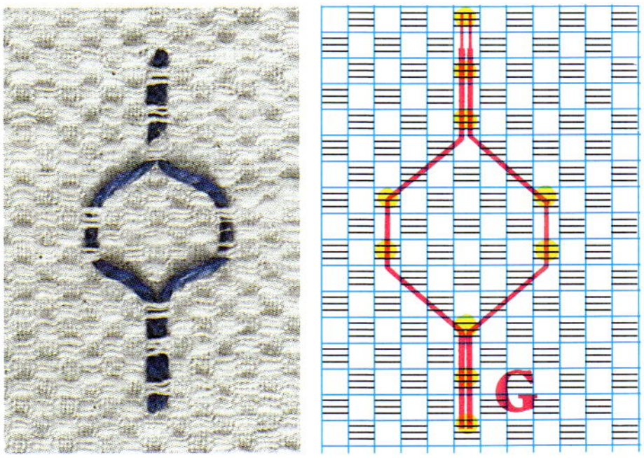

H Der Hexenstich

Es werden zwei versetzte Reihen verbunden, indem die Fadengruppen abwechselnd die obere und die untere Reihe aus entgegengesetzter Stichrichtung erfassen.

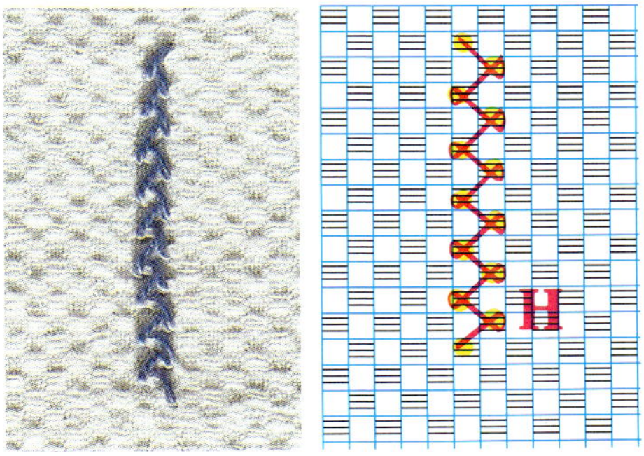

Hinweis zu den Zeichnungen

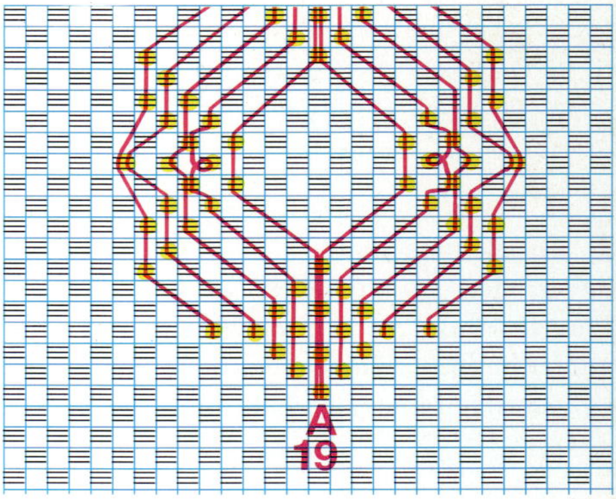

Das blaue Raster stellt den Ögendrellstoff **mit seinen schwarzen Fadengruppen dar,** der **rote Faden** zeichnet das Muster. Da einige Ögen bei verschiedenen Stichen übersprungen werden, **sind die aufgehobenen Fadengruppen mit einem gelben Punkt gekennzeichnet.** Die Zahl unter der Zeichnung gibt die jeweils benötigten Ögenreihen an, **das A** zeigt den günstigsten Stickbeginn.

Fäden vernähen

(Abb. siehe unten)

Fadenanfang und -ende werden auf der Rückseite des Stoffes durch Aufheben von drei Fadengruppen verstopft. In der versetzten Reihe sticken wir unter drei Fadengruppen zurück und beginnen mit dem eigentlichen Sticken.

Bei breiten Borden ergibt sich kein schönes Bild, wenn am Stoffrand Fäden Reihe für Reihe verstopft werden. Es bietet sich die Möglichkeit an, alle Fäden ca. 3 cm über den Rand hängen zu lassen und vorerst nicht zu vernähen. Nach Abschluß der Stickarbeit wird mit der Nähmaschine über alle Fäden ein Zick-Zack-Stich gearbeitet. Die überhängenden Restfäden werden abgeschnitten. Durch das Aufsetzen der Spitze wird der Rand ein zweites Mal befestigt und somit ein späteres Lösen der Fäden verhindert.

Soll ein Saum den Abschluß bilden oder bei alten Stücken die ursprüngliche Randbefestigung erhalten bleiben, kann der halbe Stickfaden hängengelassen und für die zweite Reihe benutzt werden. Somit befestigt man alle Fadenenden auf der Deckenrückseite.

Dekorative Tafeldecke ▷

Diese grüne Decke besteht aus drei verschiedenen, aneinandergereihten Borden. Als Grundstiche sind der einfache Bogen, die Schleife in vergrößerter Form und die Achterschlinge zu finden. In der folgenden Arbeitsreihenfolge werden die einzelnen Schritte zur Erarbeitung dieses Motives dargestellt. Perlgarn Nr. 3 wird zum Sticken in drei verschiedenen Farbtönen (hell, mittel, dunkel) benötigt. Dabei ist darauf zu achten, daß diese farblich stark genug voneinander abweichen, um den Hell-Dunkel-Effekt klar genug herauszustellen.

Arbeitsreihenfolge

1. Beispiel

Weil diese breite Borde von innen nach außen gestickt wird, suchen wir als erstes die Deckenmitte durch Zusammenlegen der Stofflängsseiten (Deckenmitte = Bordenmitte). In der nun erreichten Reihe mit dem hellsten Farbton beginnen, indem sieben Fadengruppen mit der stumpfen Nadel aufgehoben werden. Für die folgende Schleife gehen wir von der kommenden Öge (die achte Fadengruppe vom Anfang gezählt) zwei Fadengruppen weiter nach links und heben diese in entgegengesetzter Stichrichtung auf. Nun geht es zurück in die Ausgangsreihe, um wieder die gerade Linie von sieben Ögen fortzuführen. Nach Beendigung der ersten Reihe wird diese mit einem neuen Faden ein zweites Mal aufgenommen, um die Schlinge gegengleich auf die rechte Seite zu bringen. Im Anschluß daran wird in den benachbarten Reihen, welche versetzte Fadengruppen aufweisen, der einfache Bogen in dem mittleren Grünton gestickt. Schleifen- und Bogenspitze befinden sich dabei in der gleichen Öge.

2. Beispiel

Nach Fertigstellung der ersten beiden Reihen schließen wir die mittlere Borde mit zwei Stickreihen in Dunkelgrün ab. Dafür wird nach dem Aufheben der noch vorhandenen fünf Ögen die schräg nach unten versetzte Fadengruppe erfaßt. Nun heben wir nochmals die schräg nach unten versetzte Öge auf und sticken in gerader Linie unter insgesamt drei Fadengruppen durch. Im spitzen Winkel nach rechts unten erfassen wir nun die letzte Fadengruppe dieses stumpfen Bogens, um dann in die Ausgangslinie der fünf Ögen zurückzuheben. Die letzte Reihe besteht aus dem Angliedern der geraden Linie und einer Schleife. Zur Vervollständigung dieses Musters wird diese Reihe auf die rechte Bordenseite übertragen.

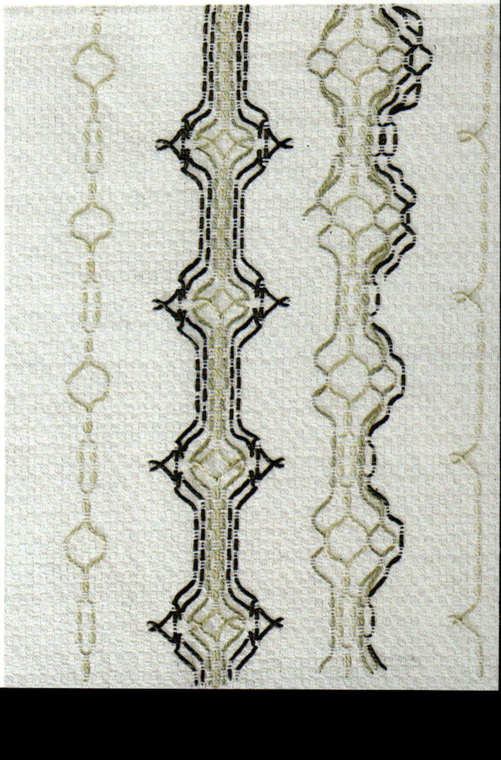

3. Beispiel

Nachdem die mittlere Borde mit ihrem Karo-Motiv bereits unser Werkstück ziert, fertigen wir nun die rechts und links danebenliegenden Muster an. Der benötigte Abstand wird von der Außenreihe des bereits erstellten Stickmotives ermittelt. Wir zählen von der ersten Fadengruppe der dunkelgrünen Reihe aus der Mittelborde in waagerechter Linie acht Ögen nach links bzw. nach rechts und heben mit hellgrünem Stickgarn die entsprechende Fadengruppe auf. Nun wird unter dieser und der folgenden Öge durchgezogen, um anschließend den einfachen Bogen zu sticken. Dafür zählen wir eine Öge nach oben und arbeiten uns von dem darüberliegenden ögenfreien Feld zwei Fadengruppen weiter nach links. Die nun erreichte Öge wird aufgehoben. Anschließend gehen wir in die Ausgangsreihe zurück, um dabei wiederum zwei Ögen hintereinander aufzuheben. Im Anschluß daran verlegen wir diese Linie für drei Fadengruppen in die versetzte Ögenreihe und kehren dann in die Ausgangsreihe zurück. Im folgenden gestaltet sich diese Borde aus aneinandergereihten Bögen und einfachen Linien, die in wechselnder Form verspringen. Zur Erstellung der Borde wird Reihe für Reihe vorgegangen. Die einzelnen Arbeitsschritte sind im Bild und auf der Zeichnung gut zu erkennen.

4. Beispiel

Nachdem diese aufgelockerte Borde rechts und links vom Ausgangsmuster angeordnet ist, schließt sich auf beiden Seiten ein halbes Mittelmotiv an. Zur Auflockerung folgen zwei in Hell- und Mittelgrün gehaltene Durchziehfäden. Als Abschlußborde ziert ein schmales Muster den Rand des gesamten Bildes.
Dafür beginnen wir mit dem Aufheben zweier Fadengruppen, um im Anschluß daran die Achterschlinge zu sticken. Zwischen jeder Achterschlinge liegen drei Ögen, eine vierte wird jeweils zur Erstellung der nächsten Schlinge aufgehoben. Drei Reihen weiter (in waagerechter Linie) wird die Achterschlinge in entgegengesetzter Richtung angeordnet. Nun vermitteln sie den Eindruck, als wären sie von zwei geraden Linien eingeschlossen. Als Lückenfüller schlängelt sich ein mittelgrüner Faden um die versetzt angeordneten Schlingen.

Spitze ansetzen

Bei den meisten Decken empfiehlt sich als Randabschluß eine Spitze, da sie den Gesamteindruck des fertigen Werkstückes noch verbessert.
Bei breiten Spitzen muß für die Ecken je 10 cm gerechnet werden, für schmale genügen 4-5 cm. Da der gewaschene Gerstenkorn-Stoff in der Regel nicht mehr einläuft, ist es ratsam, die Baumwollspitzen vor dem Annähen zu waschen, da diese bis zu 10% schrumpfen können.
Den Stoff 3-5 mm nach rechts umbügeln, die Spitze aufstecken, nach Bedarf heften, dann mit dem Zick-Zack-Stich der Nähmaschine aufsteppen. Auf diese Weise ist die linke Stoffseite gut versäubert. Als Verschönerung kann ein fester Zick-Zack-Stich (Applikationsstich) durch einen zweiten Nähvorgang angebracht werden.
Natürlich können Sie Häkelspitzen wie in früheren Zeiten mit der Hand annähen. Dieser Arbeitsvorgang erweist sich jedoch als sehr mühevoll.

Verarbeitung zu Gebrauchsstücken

Das im Handel erhältliche Gerstenkorn-Leinen ist 1,40 m breit und kann somit für alle Tischbreiten verwendet werden.
Für Couchtische können Sie einen Saum arbeiten, der zur Zierde mit einem breiten Applikationsstich versehen wird. Auch eine Bogenkante, die in einigen Handarbeitshäusern mit speziell dafür ausgerüsteten Nähmaschinen gearbeitet werden kann, ist geeignet. Für breitere Eßtische empfiehlt sich eine Häkel- oder Klöppelspitze als Abschluß.
Wem Zeit, Lust oder Gelegenheit fehlt, sich aus der großen Auswahl der Häkelgarne die passenden Farben auszusuchen und selber zu häkeln, dem hilft das heute schon große Angebot fertiger Häkelspitzen, die als Importware in verschiedenen Breiten, Farben und Garnstärken in den Handarbeitsgeschäften angeboten werden. Zu einigen Spitzen gibt es die passenden Zwischenbesätze, um alte Tischtuchrollen oder Handtücher zusammenzusetzen. Spitzen aus dünneren Garnstärken können zur Verstärkung des Randes noch mit einer festen Häkelkante versehen werden, sie sind dadurch auch leichter zu mangeln.
Wer noch alte Tischtuchrollen besitzt (ca. 60 bis 70 cm breit), kann diese mit Spitze zusammensetzen oder einen Zwischenbesatz aus Gerstenkorn-Leinen einsetzen. Dafür wird ein Läufer in der gewünschten Länge bestickt und später zwischen die beiden Tischtuchseiten gekettelt. Das ist eine Möglichkeit, die oft sehr schmalen, alten Tischtuchrollen zu verbreitern.
Genügt die Breite zweier Tischtuchseiten, können diese mit einer sauberen Naht verbunden werden. Durch Zierstiche, die auch zu einer breiteren Borde ausgearbeitet werden können, wird die Naht verdeckt.
Bei Handtuchrollen mit einer Breite von 45 bis 50 cm werden drei Bahnen nebeneinander verbunden, so daß zwei Häkel- oder Klöppelzwischenbesätze für die Tischtuchlänge benötigt werden.
Aus sechs einzelnen Handtüchern kann auf die gleiche Weise ein Tischtuch gearbeitet werden. Es ist ratsam, nicht zu viele Teile zusammenzusetzen, damit das fertige Werkstück keinen gestückelten Eindruck macht.
Füllen sehr lange Handtücher die gesamte Tischbreite aus, werden für ein normales Tischtuch nur vier Handtücher benötigt, indem sie an den Längsseiten mit Spitze zusammengesetzt werden. Die gestickten Borden laufen dann allerdings auch quer über den Tisch. (Siehe Deckenbeispiel auf S. 26, rosa Decke.)
Nach Bedarf können alle zusammengesetzten Decken mit einer Häkelspitze sauber eingefaßt werden.

Alte Gerstenkorn-Stoffe zeigen manchmal noch die Monogramme der Vorfahren auf. Diese behalten als Besonderheit ihren Ehrenplatz im Werkstück.

Färben

Als weitere Gestaltungsmöglichkeit für Gerstenkorn-Leinen bietet sich das Färben dieser Stoffe an, da sie sehr gute Färbeeigenschaften haben. Mehrere Firmen bieten farb- und kochfeste Farben in breiter Farbskala zum Färben in der Waschmaschine an, so daß passend zu Geschirr, Einrichtung und Geschmack die Auswahl getroffen werden kann. Empfehlenswert ist es, ganze Tischdecken zu färben, um sie im gleichen Farbton oder in Weiß auszusticken. Passend dazu sind heute eine große Anzahl farbiger Häkelgarne oder Spitzen im Handel. Am größten ist dabei die Auswahl weißer Häkelspitzen, die bei Bedarf zusammen mit dem Stoff in der Waschmaschine gefärbt werden können. Dabei ist zu bedenken, daß die Baumwollspitzen mehr Farbe aufnehmen als die Halbleinenware des Gerstenkorns, also etwas kräftiger ausfallen. Dieses erweist sich nicht als störend, da es sich um den gleichen Farbton handelt. Nach Geschmack können die gefärbten Spitzen noch in der Stickfarbe umhäkelt werden.

Gefärbte, ausgestickte Läufer oder Servietten geben auf einer farblich abgestimmten Unterdecke ein gutes Bild. Passend dazu werden Kerzen, Blumen und weitere Accessoires dekoriert.

Vor dem Färben sollte unbedingt die Gebrauchsanweisung des Farbenherstellers genau durchgelesen werden. Der Stoff wird in trockenem Zustand gewogen, um die nötige Farbmenge zu ermitteln.

Alte, wie auch neue Stoffe müssen vor dem Färbeprozeß gekocht werden, um die Appretur und evtl. vorhandene unsichtbare Flecken, z. B. Fett, zu entfernen.

In den meisten Fällen werden Textil-Echtfarbe und Kochsalz direkt in die Waschmaschinentrommel gegeben, der feuchte Stoff wird daraufgelegt. Im Hauptwaschprogramm bei 30 oder 60 °C wird nun der Stoff gefärbt. Zu jedem Färbeprozeß wird ein Farbfixierer benötigt, der entweder mit der Farbe gemischt ist oder zusätzlich aufgelöst und über die Waschmitteldosierkammer zugefügt werden muß. An diesen Färbegang schließt sich ein Vor- und Hauptwaschgang bei 95 °C an. Danach ist die Färbung absolut waschecht.

Anfängerleichte Ögendrell-Idee

Ein sehr einfaches Würfelmuster ohne jegliche Schlingen und Schleifen bietet sich für den Einstieg in die Gerstenkorn-Stickerei an. Ein weiterer günstiger Aspekt ist die nur 35 cm schmale Stoffbreite.

Die Borden laufen quer über den Stoff und sind in einem zarten Gelbton mit dazu passender Häkelspitze gehalten. Einen Musterausschnitt finden Sie beim Thema: „Fäden vernähen“ auf Seite 8.

Wir beginnen in der Läufermitte und sticken nach beiden Seiten zum Rand. Die Breite der

Borde kann variiert werden, je nachdem, ob mehrere mittelbreite Motive oder ein flächenfüllendes Muster gewünscht werden. Als Auflockerung zu der breiten Borde finden wir zum Rand hin zwei weitere schmale Motive im gleichen Würfelmuster, wobei das letzte direkt an die Spitze anschließt. Außerdem sind zur Überbrückung der freien Fläche einfache, gerade Durchziehfäden angeordnet.

Es ist ratsam, diese Borde nur einfarbig zu sticken, da Farbeffekte wegen der aufgelockerten, geradlinigen Musterung nicht gut zur Geltung kämen.

Blau-weiße Küchengarnitur

Als eine klassische und doch stets junge Kombination gilt die in Blau-Weiß gehaltene Küchengarnitur. Sie paßt sich dem modernen sowie auch dem rustikal-bäuerlichen Stil an und vermittelt einen frischen Eindruck.

Der gesamte Stoff wird nach dem Waschen mit Textil-Echtfarbe gefärbt (s. auch Seite 14: Färben in der Waschmaschine). Die dunkelblaue Spitze ist im Handel erhältlich, sie kann aber auch in Eigenarbeit gehäkelt oder als weiße Fertigspitze eingefärbt werden.

Das flächenfüllende Muster dieser Garnitur ist nicht so schwierig, wie es aussieht, da sich ein kleiner Rapport nach allen Seiten wiederholt. Die Borde selbst besteht aus aneinandergesetzten Rauten und schleifenähnlichen Elementen. Die Tischdecke mißt 140 × 180 cm (ohne Spitze).

Beim Sticken abgeänderter Deckenformen ist darauf zu achten, daß der Bordenrand auf allen Seiten des Tisches mit der Tischkante abschließt oder den gleichen Abstand zur Tischfläche hält. Es empfiehlt sich daher, in der Mitte der Querseite mit dem Sticken zu beginnen. Ist die Tischkante erreicht, sticken wir einen Faden gemäß dem Bordenrapport über die Tischlänge, um nun am anderen Ende die Abstände zu ermitteln. Anschließend wird der gesamte Rand mit dem Motiv ausgefüllt.

Überhandtuch, Kissen und Toasterhaube weisen eine zweite aus Schleifen bestehende Borde auf, die zur Auflockerung des Gesamteindrucks gearbeitet wurde.

Das Kissen hat eine Größe von 45 × 45 cm. Bei der Anfertigung von Überhandtuch und Toasterhaube muß man sich nach der Größe des Gegenstandes richten. Der Randabschluß von Toasterhaube und Topflappen besteht aus eingefaßtem Schrägband.

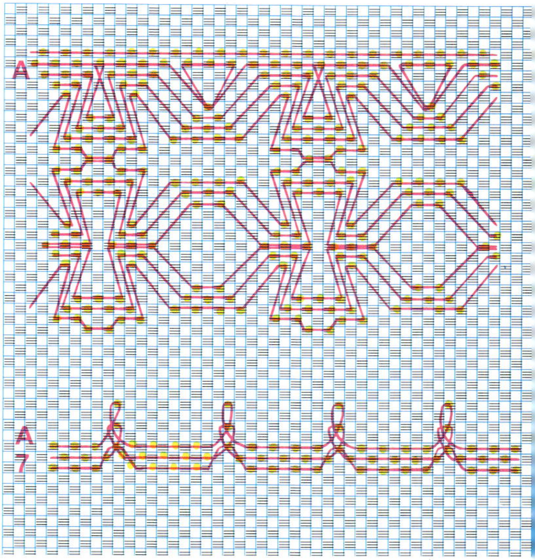

Diese Küchengarnitur ist ein Beispiel dafür, wie man ein und dasselbe Muster auf verschiedene Werkstücke übertragen kann.

Beige Treppchenrauten

Ein treppchenförmiges Auf und Ab erleben wir beim Sticken dieser großen Rauten.
Der Läufer weist eine sehr aparte Farbzusammenstellung in Beige und Weiß auf und sollte wegen des großzügigen Musterrapports nicht zu kurz gehalten werden. Sehr gut würde dieses Motiv auf einer langen Tafeldecke als dekorativer Mittelpunkt einer guten Mahlzeit zur Geltung kommen.
Als harmonischer Abschluß dient die feste beigefarbene Klöppelspitze. Direkt daneben verläuft eine schmale Borde als Übergang zu dem großzügigen Mittelmotiv.
Naturtöne dieser Art können sich jedem Einrichtungsstil von rustikal bis edel anpassen.

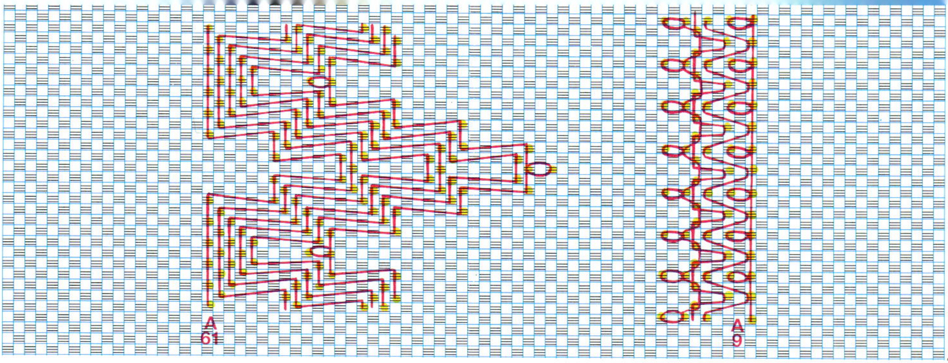
A
61
A
9

Flächenfüllendes Bordenmotiv

Eine für die Bordenstickerei sehr eigenwillige Farbzusammenstellung wurde für den grüngelben Läufer mit den dazu passenden Kissen ausgewählt.

Die Borde läuft diagonal über den Stoff und ist daher flächenfüllend anzuordnen. Das recht einfache Motiv ist auch für Anfängerinnen problemlos nachzuarbeiten.

Das Aussticken des Werkstückes ist zwar etwas arbeitsintensiver als die Beschränkung auf mehrere aufgelockerte Borden, dafür ist die Wirkung aber auch viel stärker. Passend zum Musterrapport wurde eine grüne Häkelspitze mit Zick-Zack-Muster gearbeitet.

Das frische Grün eines Frühlingssträußes oder ein Korb voll selbstbemalter Ostereier bieten sich als Dekoration geradezu an.

Dieses Motiv ist auch in weniger auffälligen Tönen, die sich dem entsprechenden Einrichtungsstil anpassen sollten, sehr wirkungsvoll.

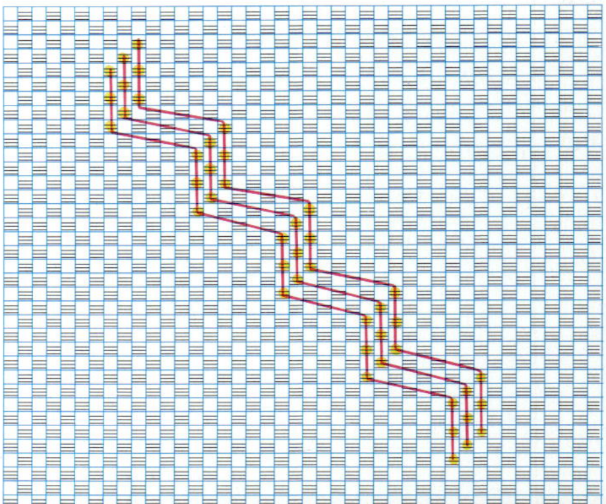

Quer angeordnete Stickborden

Nur 45 cm Gerstenkorn-Leinen in der handelsüblichen Breite von 1,40 m benötigen Sie für diesen Läufer, der dank der klassischen Naturtöne von Stickgarn und Häkelspitze fast in jede Wohnungseinrichtung paßt.

Die Stickrichtung läuft bei diesem Zuschnitt nicht wie sonst üblich längs, sondern quer. Die Borden müssen dazu aufgelockert wirken und dürfen in nicht zu weiten Abständen angeordnet werden, um ein harmonisches Gesamtbild zu erzielen.

Mehrere schmale und ohne Bezug zueinander angeordnete Borden würden einen gestückelten und unfertigen Eindruck vermitteln. Breite, große Muster kämen hingegen nicht zur gewünschten Wirkung.

Die hier angewandten Borden kommen auch in einer großen Decke zur Geltung. Da das gesamte Bild aus mehreren Einzelborden besteht, kann die Stickbreite durch Erweiterung oder Entfernung einzelner Motive problemlos variiert werden.

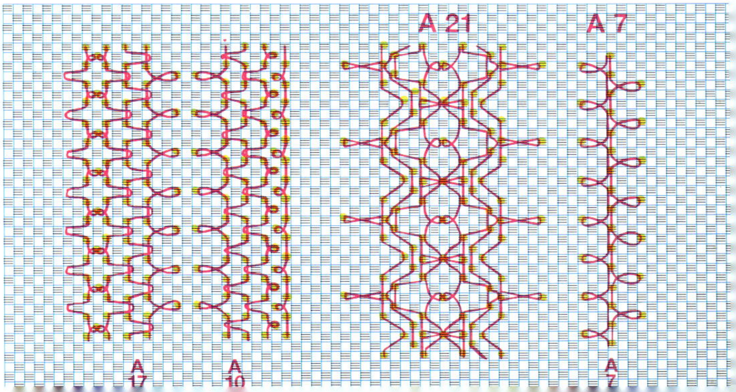

Stickerei in drei Rottönen

Diese mit einem Haspelrad dekorierte Decke stellt eine etwas gewagte Farbkombination in Dunkel- und Mittelrot mit einem Lachston dar. Die Borden selbst sind aufgelockert und vermitteln einen zierlichen, feinen Eindruck, da kaum längere Perlgarnfäden (Ausnahme: geschlossene Schlinge) direkt auf der Oberfläche liegen. Nur selten schlängeln sich bei einem Motiv die Fäden so dicht hintereinander durch die Ögen.

Passend zum Gestickten wurde eine breite aber zarte Häkelspitze für den Deckenrand gewählt.

Arrangiert mit weißem Tafelgeschirr, passenden Servietten und einem hübschen Blumengesteck, sowie roten Kerzen in weißen Kerzenständern, ergibt diese Tischdecke ein festliches Bild.

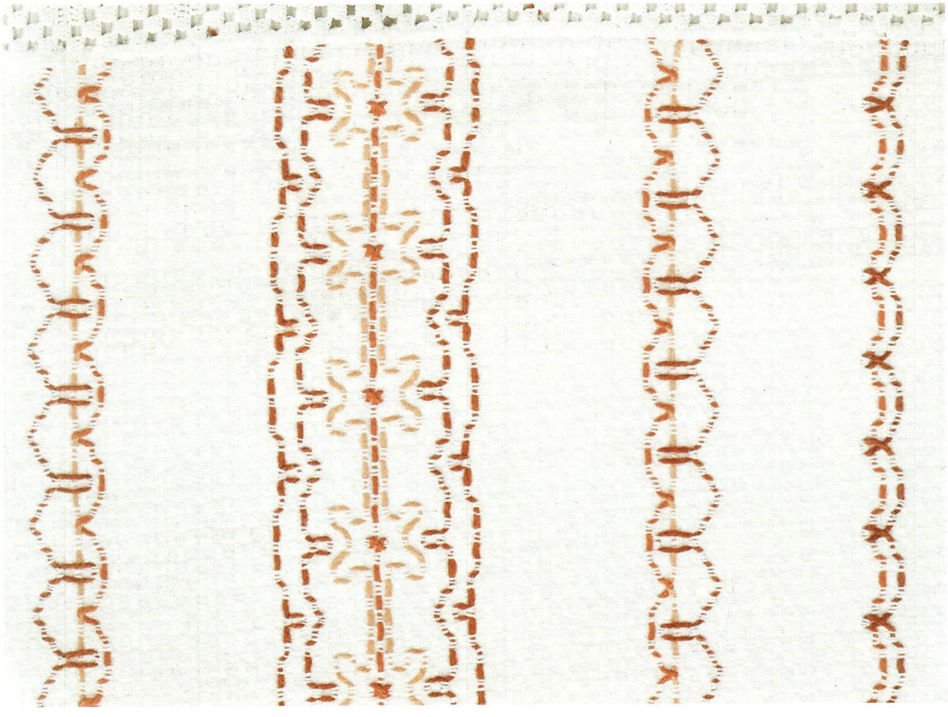

Altes Handtuch neu bestickt

Eine gute farbliche Abstimmung in bezug auf Stickerei, Spitze und Unterdecke ist in der folgenden Abbildung dargestellt.

Die zarten Grün- und Beigetöne des Perlgarns bringen die in den drei vorhandenen Ögenstreifen gearbeiteten Borden besonders gut zur Geltung. Die übrige Fläche dieses alten Webstückes wurde in einer einfachen Leinenbindung gewebt. Der etwa 1,5 cm breite, fester gewebte Rand der Spitze wurde in gesamter Breite auf den Läufer gearbeitet, da es sonst einen unschönen Saum gegeben hätte.

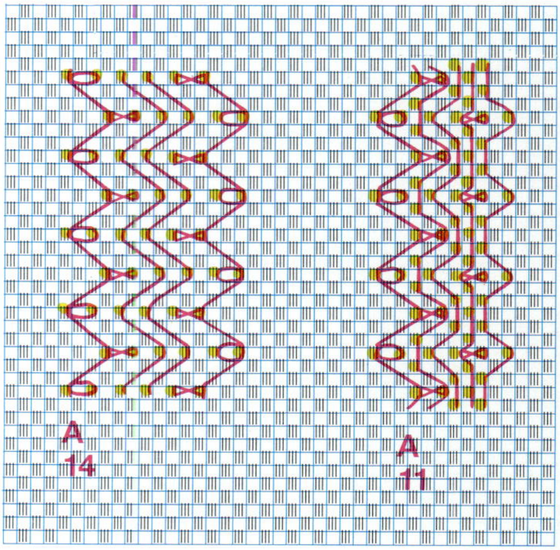

Schmaler, beiger Läufer

Dieser nur 35 cm breite Läufer (ohne Spitze) eignet sich für schmale Couchtische oder als Vitrinenauflage. Einen besonderen Reiz würde er auch auf einer rustikalen, mit Holzbrettern und Brottellern versehenen Abendbrottafel haben. Wegen seiner zierlichen Borde und den neutralen Naturtönen kann er sich nahezu jeder Gelegenheit anpassen.

Im Mittelfeld der breiten Borde wurden im Beigeton aneinandergesetzte Reihen aus einfachen Bögen gestickt, denen sich eine Reihe aus Achterschlingen und geschlossenen Schlingen in Mittelbraun anschließt.

Im Anschluß folgt eine in Dunkelbraun gehaltene und aus Achterschlingen bestehende Außenkante.
Das schmale Motiv am Rand stellt eine vereinfachte Borde dar, die zur Auflockerung und als Übergang zur passenden Klöppelspitze dient.

Aus Handtüchern zusammengesetzte Tischdecke

Vier lange Ögendrell-Handtücher mit Klöppelspitze zusammengesetzt und eingefaßt, ergeben diese hübsche, in Altrosa gearbeitete Tischdecke. Sie kann ebenso als rustikale Tafeldecke eingesetzt werden, wie als bordenreiche Tagesdecke.

Wie der Ausschnitt rechts deutlich zeigt, enthält dieses Werkstück mehrere aufwendige Borden, die wegen ihrer Vielfältigkeit nur fortgeschrittenen Stickerinnen empfohlen werden.

Als typisches Beispiel für das Besticken alter, zusammengesetzter Handtücher ist die Anordnung von Borden direkt neben dem Zwischenbesatz (Klöppeleinsatz). Die oft im Streifen-Ögendrell gewebten Erbstücke können somit eine recht kompakte Borde erhalten. Im Gegensatz hierzu sind in alten Handtüchern oft nur schmale Ögenstreifen zu finden. Diese können durch günstiges Anordnen an der Spitze oder am Zwischenbesatz optisch großzügiger erscheinen.

Passend zur Spitze wurde eine in der Musterung ähnliche Borde entwickelt, die sich harmonisch in das Gesamtbild einfügt. Das breite Motiv erfordert beim Erstellen schon ein wenig Geduld, da es sich um eine Reihe kurzer Stichwege handelt.

Aus einiger Entfernung betrachtet, vermittelt diese Bordenmusterung einen webähnlichen Charakter.

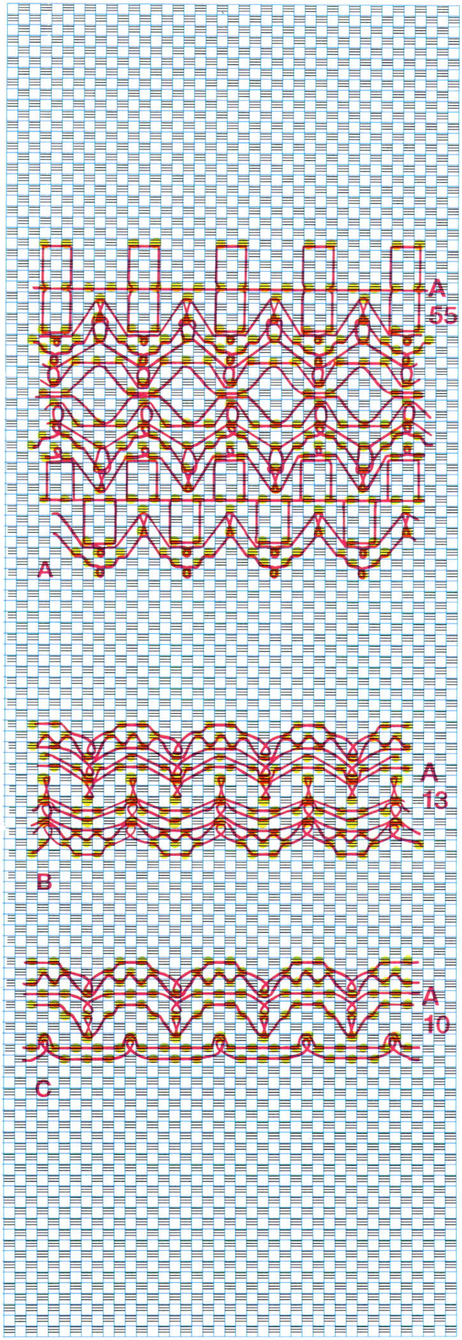
A
55
A
A
13
B
A
10
C

A
B
C

Farbenfroher Läufer

Einen farbenfrohen Eindruck vermittelt dieser rot-schwarz-grün gefertigte Läufer. Der natürliche Beigeton des Stoffes bringt die kräftigen Farben des Stickgarns gut zur Geltung. Ein paar einfache Durchziehfäden aus Goldgarn geben diesem trachtenähnlichen Läufer den letzten Pfiff.
Sollte die rote Häkelspitze zu dominierend erscheinen, läßt sich zur Farbdämpfung eine grüne Spitze verarbeiten. Dekoriert mit jagdlichen oder weihnachtlichen Accessoires wird der Gesamteindruck ganz nach Wunsch verändert.
Wie alle Borden läßt sich auch dieses Muster auf den „Durchziehstoff in Kette und Schuß“ um die gesamte Decke als Rundum-Motiv arbeiten. Mit Hilfe eines Spiegels kann die günstigste Eckbildung ermittelt werden.
Ton in Ton gearbeitet, würde das Ergebnis nicht so rustikal, sondern ausgesprochen edel wirken, und der Läufer fände seinen Platz auf einer festlichen Kaffeetafel.

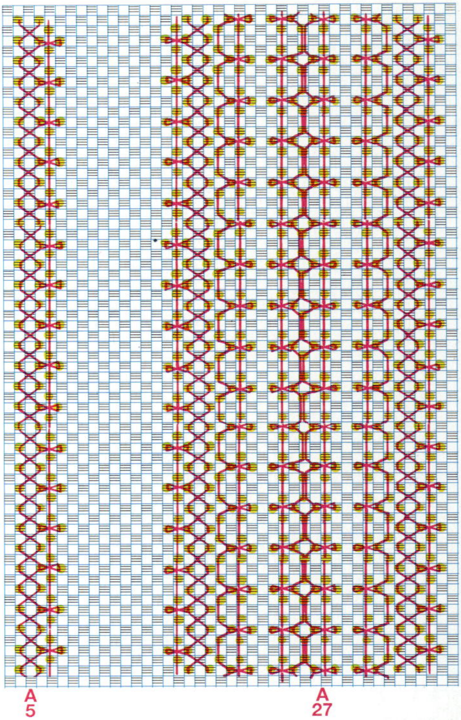

Geduld ist bitter
aber ihre Früchte
sind süß

Flächenfüllende Rauten aus Treppchenborden

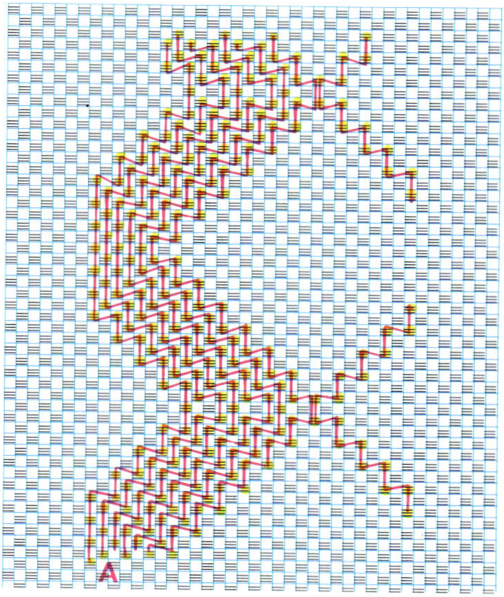

Mit einem einfachen Treppchenstich wird der gesamte Innenraum dieser quadratischen Decke bis auf einen etwa 20 cm breiten Rand ausgefüllt. Die in drei Farbabstufungen gestickten Rauten würden auch als Einzelborde oder gar als Zick-Zack-Band (½ Raute) sehr wirkungsvoll zur Geltung kommen.
Vor Stickbeginn ermitteln wir die Deckenmitte, indem wir von zwei Seiten ein Fadenkreuz aus Nähgarn durch das 1 × 1 m große Werkstück heften. Der erreichte Punkt gilt als Deckenmitte. Da beim Sticken mit dem hellsten Farbton begonnen wird, empfiehlt es sich, als Bordenmitte die unter sieben Ögen laufende gerade Linie zu wählen.

Wir beginnen drei Fadengruppen unter der im Fadenkreuz liegenden Öge und ziehen unter sieben Ögen durch. Die vierte aufgehobene Öge muß nun unter dem Fadenkreuz liegen und ergibt die Bordenmitte. Nun kann mit dem Treppchenmuster begonnen werden. Für den Anschluß ist darauf zu achten, daß nach allen Seiten ein gleichmäßig breiter Rand entsteht.

Die Zick-Zack-Spitze wurde mit einem in der Farbe passenden Häkelgarn umfaßt, so daß sie als Abschluß eine belebende Verbindung zur Stickborde darstellt.
Die Früchte und Buchstaben des Spruchbildes sind nicht auf dem Vorlagenbogen zu finden, sondern müssen in Eigenarbeit erstellt werden. Die selbstangefertigte Zeichnung wird mit einem Bügelstift auf Transparentpapier übertragen und auf den Stoff gebügelt. Die Konturen werden mit Stielstich gestickt, anschließend werden die Innenflächen mit geraden Linien ausgefüllt (siehe auch Arbeitsanleitung: Bogenkante, Seite 38/39).
Das fertiggestellte, gestärkte und gemangelte Stickbild heften wir auf eine feste Unterlage (z. B. Spanplatte) und lassen es rahmen.

„Durchziehstoff in Kette und Schuß“

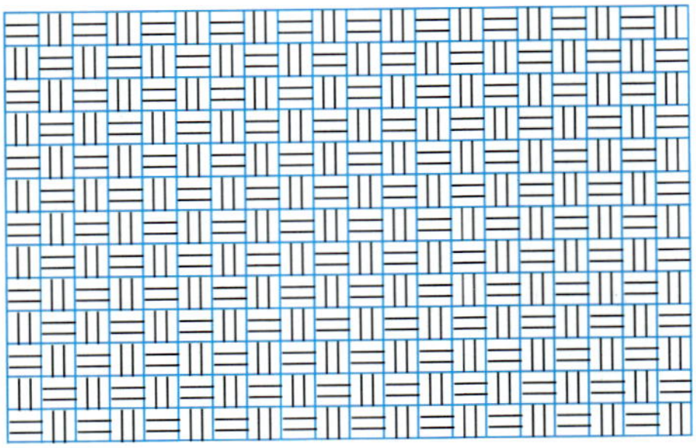

Zusätzlich zum überlieferten Gerstenkorn-Muster wird heute ein weiterer Stoff hergestellt, welcher auf den ersten Blick dem alten Webmuster ähnelt. Der aus feinerem Garn gewebte Halbleinenstoff weist das übliche Ögenraster auf, jedoch sind die ögenfreien Flächen mit senkrecht verlaufenden Fadenbündeln ausgefüllt.
Bei sämtlichen Borden besteht die Möglichkeit der Eckbildung, um eine Musteranordnung rund um die ganze Decke zu erzielen.
Die Rückseite dieses Durchziehstoffes weist im Gegensatz zum Gerstenkorn-Leinen keine Ögen auf, sondern nur kleine Fadengrüppchen, die zum Verstopfen der Fäden vorgesehen sind.
Da diese Garne nicht gebleicht wurden, besitzen sie noch den naturfarbenen Beigeton. Um diesen so lange wie möglich zu erhalten, empfiehlt es sich, die Stoffe nur bei 30 °C bis höchstens 60 °C zu waschen. Es ist ratsam, keine Waschmittel mit Bleichmitteln oder optischen Aufhellern zu verwenden. Je niedriger die Waschtemperatur, desto länger behält der Stoff seine charakteristische Farbe. Nach ein paar Kochwaschgängen erhält das Material eine weiße Farbe, wie sie auch das gebleichte Gerstrenkorn-Leinen aufweist. Die Stoffqualität ist dadurch nicht negativ beeinflußt.

Nostalgisches Bordenband

Aus Großmutters alter Tülldecke stammt dieses effektvolle Bandmotiv, das nicht ganz einfach nachzuarbeiten ist.
Von der Seitenmitte her wird es entgegengesetzt zu den beiden Ecken gearbeitet. Dafür beginnen unsere Stickereien beim mittleren Rautenmotiv, das anhand der Zeichnung genau ausgezählt werden kann. Zur Auflockerung wurde eine zarte Bogenkante etwas weiter zur Mitte gearbeitet. Das taubenblaue Stickgarn vermittelt auf dem naturfarbenen Stoff einen nostalgischen Eindruck.
Da dieser „Durchziehstoff in Kette und Schuß“ feiner gewebt ist als das weiße Gerstenkorn-Leinen, eignen sich dazu vornehmlich zarte Dekorationen.

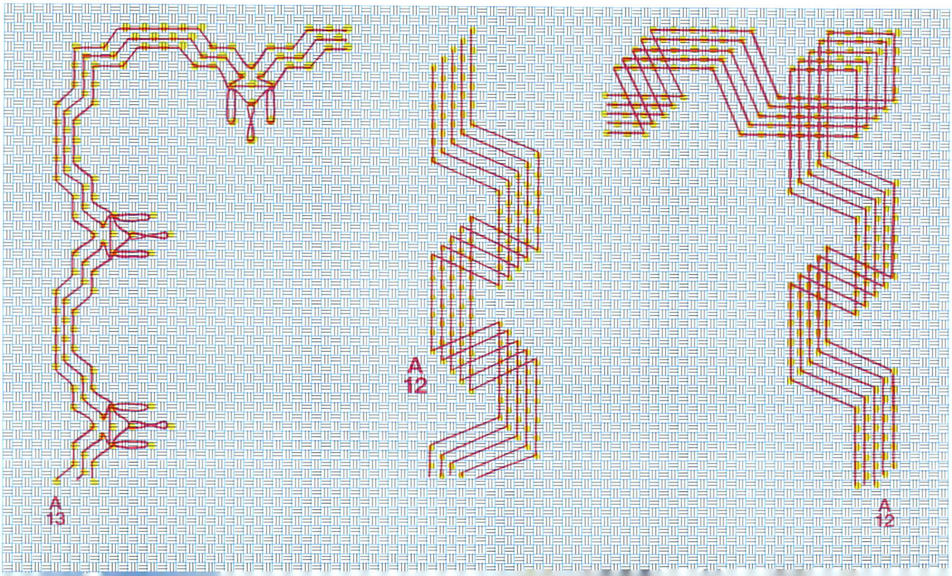
A 13
A 12
A 12

Cognacfarbene Tagesdecken

Eine weitere Möglichkeit, die Bordenanordnung auf „Durchziehstoff in Kette und Schuß“ abwechslungsreich darzustellen, zeigen diese in Cognacfarben erstellten Deckenbeispiele.

Mit Hilfe eines gehefteten Fadenkreuzes erhalten wir die Deckenmitte und sticken von dort zu den vier Seiten. Dabei wird viermal über Eck gearbeitet; die Zeichnung zeigt einen detaillierten Ausschnitt. Am Rand angekommen, teilt sich die Borde, indem die eine Hälfte nach links und die andere Hälfte nach rechts verläuft. Sie knickt in der Ecke ebenfalls ab und trifft an der Seitenmitte mit der entgegekommenden Borde zusammen, um wieder in Richtung Deckenmitte zu streben. Es ist ratsam, mit Hilfe der mittleren Bordenreihe das Raster dieses symmetrisch angeordneten Motives als erstes fertigzustellen. Somit können evtl. entstandene Fehler bei der Eckbildung ohne großen Arbeitsaufwand korrigiert werden.

Anschließend ziehen wir die weiteren Bordenreihen nach. Dem Deckenausschnitt und der Zeichnung sind genauere Angaben zu entnehmen.

Die Häkelspitze wurde bei diesen Decken direkt an das Werkstück gearbeitet. Im Ausschnitt wird deutlich sichtbar, daß der gekettelte Stoff ca. ½ cm umgeknickt und mit einer Häkelreihe aus festen Maschen versehen wird. Die nun vorhandene Maschenreihe dient als Grundlage für das Anhäkeln der Spitze.

Die Farbabstufung hell/dunkel läßt die einzelnen Quadrate gut zur Geltung kommen.

Die dunklere Decke besteht aus AIDA-Stoff, der sich ebenfalls für die Bordenstickerei eignet. Da er aber nur 60 cm breit liegt, müssen für Decken dieser Größe zwei Bahnen nebeneinandergesetzt werden. Die Naht wird mit der hier aufgezeigten Bordenanordnung hervorragend überdeckt. Wichtig ist nur, daß die Fadengruppen beim Zusammennähen versetzt angeordnet werden, um den Musterrapport nicht zu verschieben oder zu unterbrechen.

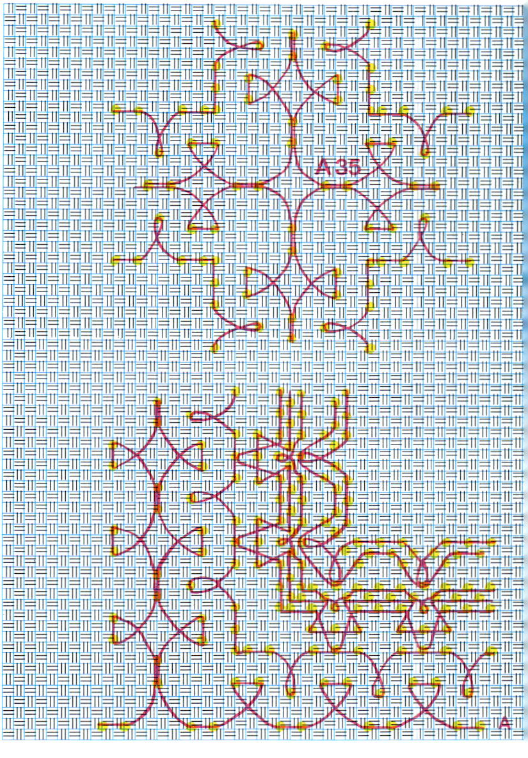

Ornamente

Als Alternative zu den aufgeführten Bordenbeispielen lassen sich auf Gerstenkorn-Leinen und naturfarbenen oder weißen „Durchziehstoff in Kette und Schuß“ Motive und Ornamente sticken. Dazu können die im Anhang beigefügten Aufbügelmuster auf den Stoff übertragen und ausgestickt werden. Wer möchte, kann wie bei der Bordenstickerei seiner Phantasie freien Lauf lassen und neue Motive nach eigenen Ideen entwickeln.

Es empfiehlt sich, die Eigenentwürfe mit einem Bügelstift auf Transparentpapier zu zeichnen, um sie anschließend aufzubügeln. Die Bügelstifte ähneln, je nach Fabrikat, einem Filzschreiber oder Buntstift und sind im Buchhandel erhältlich. Als Musterbeispiele sind auch Richelieu-Motive sehr gut geeignet. Sie werden ebenfalls abgepaust, wobei die Stege nicht mitübertragen werden.
Vor dem Aufbügeln wird geprüft, ob der Stoff rechtwinklig verläuft. Gerade bei Musteranordnungen am Rand oder in den Ecken dürfen keine spitzen Winkel, die durch das Mangeln leicht entstehen, vorhanden sein. Das Stickbild würde sonst im fadengeraden Zustand verschoben erscheinen.

Bei großen Ornamenten der im Anhang befindlichen Aufbügelmuster ist ein Viertel des Gesamtmotives aufgezeichnet. Nach dem ersten Bügelvorgang muß das Aufbügelmuster dreimal versetzt werden, um das Gesamtornament zu erhalten.

Die auf dem Vorlagenbogen befindlichen Motive werden mit dem Bügelstift auf Transparentpapier gezeichnet und lassen sich je nach Temperatureinstellung des Bügeleisens (zwischen Wolle und Baumwolle) vier- bis sechsmal auf den Stoff übertragen. Je höher die Temperatur, desto farbintensiver der Abdruck. Ist die Pausfarbe verbraucht, kann eine Kopie mittels Bügelstift angefertigt werden. Bügelstiftfarbe läßt sich durch Waschen entfernen.
Im Gegensatz zu den geradlinigen Borden besteht nun die Möglichkeit, die Motive auch quadratisch, rechteckig oder kreisförmig auf die Decke zu verteilen. Da die Muster vollständig ausgestickt werden, ist bei alten Stoffen darauf zu achten, daß sie in diesen Bereichen keine ögenfreien Flächen aufweisen.

Ornamentenreihe mit Bogenrand

Wenn Sie besonders stickeifrig sind, sollten Sie sich an diese dekorative Ornamentenreihe heranwagen. Der aufwendige, mit Langettenstich eingefaßte Randabschluß erinnert an die Richelieu-Stickerei. Als Vitrinenauflage kommen diese effektvoll ausgearbeiteten Motive ebenso zur Geltung wie auf einer hübsch gedeckten Kaffeetafel. Die einzelnen Arbeitsschritte zur Erstellung dieses wirkungsvollen Stickmotives finden Sie auf den folgenden Seiten. Dort wird das Aufbügeln und Sticken von Ornamenten ausführlich beschrieben.

1.

2.

Arbeitsreihenfolge

1. Der Stoff wird rechtwinklig auf eine feste Unterlage gelegt. Um die benötigte Decken- oder Seitenmitte festzustellen, heften wir ein Fadenkreuz mit farbigem Nähgarn über den Stoff. Es besteht auch die Möglichkeit, fadengerade Brüche in den Stoff einzubügeln.
Nun befestigen wir das mit einem Bügelstift auf Transparentpapier übertragene Motiv mit Stecknadeln auf dem Stoff. Bei aufeinanderfolgenden Motiven muß darauf geachtet werden, daß immer die gleichen Abstände eingehalten werden. Das heiße Bügeleisen 2 bis 3 Sekunden aufsetzen, dabei nicht hin- und herbewegen, sonst könnte sich das Muster verschieben und der Abdruck unscharf erscheinen. Anschließend das Papier vorsichtig abrollen und sofort prüfen, ob alle Linien einen guten Abdruck ergeben haben. Unklare Linien sofort nachbügeln.

2. Sämtliche Konturen werden mit einem Stielstich umstickt. Bei gröberen Stoffen verwenden wir Perlgarn Nr. 3, bei feineren Nr. 5. Bei dem naturfarbenen „Durchziehstoff in Kette und Schuß“ vermittelt Perlgarn Nr. 5 einen zarten Effekt. Außerdem benötigen wir für den Stielstich eine Sticknadel mit Spitze.

3.

4.

3. Sind alle Musterlinien umstickt, füllen wir die vorhandenen Ornamente Reihe für Reihe mit geraden Linien aus. Auf der Rückseite sind nur kleine Stiche durch das Umstechen von Reihe zu Reihe und die Vernähfäden zu finden.

4. Als Alternative zu Spitze oder Saum besteht die Möglichkeit, den Deckenrand mit Langetten zu versäubern.
Im Beispiel auf Seite 37 wurden die Ornamente dicht nebeneinandergesetzt, so daß kurze Stege die einzelnen Motive verbinden können. Mit Perlgarn Nr. 5 wird das gesamte Werkstück gemäß des Musterverlaufs mit Langettenstich umfaßt.
Um die Haltbarkeit zu erhöhen, wird die Kontur zuvor mit einem Kettenstich oder mit dem Zick-Zack-Stich der Nähmaschine kurz unter dem Stielstich verstärkt. Die senkrechten Stiche werden von links nach rechts dicht nebeneinander ausgeführt. Dabei muß der Faden beim Durchziehen immer unter der Nadelspitze liegen. Bei Rundungen werden die Einstiche dichter nebeneinander angeordnet als die Ausstichstellen.

Beim Umfassen von spitzen Winkeln verfährt man genau umgekehrt. Zum Abschluß wird der überstehende Stoff mit einer scharfen, spitzen Schere abgeschnitten. Durch die feste Struktur des gewaschenen Gerstenkorn-Leinens ist die Befestigung recht haltbar. Vom Schleudern in der Waschmaschine ist allerdings abzuraten. Die Stickerei am besten liegend oder doppelt aufgehängt trocknen, dabei die Bögen vorsichtig glattstreichen.

Stilisierte Tulpen als Ornament

Um Ornamente am Deckenrand anzuordnen, muß der Stoff fadengerade verlaufen und darf keine langgezogenen, spitzen Ecken aufweisen; sonst würden die Motive nach der nächsten Mangelwäsche verschoben erscheinen. Zuerst bügelt man die Eckmotive auf. Dabei ist auf gleichmäßigen Abstand zum Deckenrand zu achten. Die etwas kleineren Ornamente werden genau zwischen die beiden Eckmotive auf die Seitenmitte plaziert. Farblich kommen diese Schmuckelemente besonders gut zur Geltung, wenn die Innenflächen der Tulpen und Vasen etwas dunkler ausgefüllt werden als die übrigen Teile. Außerdem werden zur Verstärkung der Konturen bei diesen beiden Motiven ein paar Stielstichlinien zur Darstellung der Blütenblätter und der Vasenform gearbeitet.

Rustikale Rosendecke

Wer es romantisch liebt, dem wird diese Rosendecke auf Anhieb gefallen. Die kräftigen, doch nicht zu grellen Farben laden zu einer fröhlichen Kaffeetafel ein.
Als Dekoration paßt natürlich ein roter Rosenstrauß aus dem eigenen Garten am besten.

Die äußeren Blütenblätter des Rosenmotives werden einen Ton heller umrandet und ausgestickt als der mittlere Teil dieser edlen Blumen. Die breite, aufwendige Häkelspitze enthält ebenfalls ein Rosenmotiv.
Verwendet wird naturfarbener „Durchziehstoff in Kette und Schuß“.

Hellgrün bestickte Ornamente

Die Ornamente dieser Decke ähneln den Motiven aus dem Barock oder dem Rokoko. Um sie genau in der Deckenmitte zu plazieren, heften wir ein Fadenkreuz über den Stoff. Von dort aus beginnen wir mit der Anordnung der Ornamente. Dabei werden die einzelnen Schmuckelemente im gleichen Abstand angebracht. Lindgrün oder andere zarte Farbtöne sind zu bevorzugen.

Die im Farbton des Stickgarns gehaltene Klöppelspitze ziert als hübsche Einfassung den Deckenrand.

Weihnachtsdecke

Festlich und edel wirkt diese Weihnachtsdecke in den Farben Weiß und Gold.
In die Deckenmitte wird ein großer 16zackiger Stern plaziert und mit Goldgarn (Astrella) in Stielstich umstickt. Vor dem Aufbügeln des Musters, welches ein Viertel des Motivs ausmacht, ist es ratsam, ein Fadenkreuz von den Seiten über die Deckenmitte zu heften. Diese Hilfe gewährleistet, daß beim Aufbügeln die letzte Spitze genau an den Anfang paßt, da bei jedem Umsetzen während des Bügelvorganges das Fadenkreuz als Orientierungshilfe dient. Die großen, ornamentähnlichen Bögen werden in Weiß gestickt, der von ihnen eingeschlossene Stern dagegen mit Goldgarn.
Die vier Sechseck-Sterne werden zuerst mit Goldgarn umstickt und ausgefüllt, anschließend führt man um die Außenkonturen eine weitere, in weißem Perlgarn gearbeitete Stielstichreihe.

In vier großen Sternspitzen ist jeweils eine Schneeflocke angeordnet. Die sich kreuzenden Mittellinien sind mit weitem Stielstich gearbeitet, während die auseinanderstrebenden, gezackten Spitzen mit Goldgarn versehen wurden.

Die gesamte Fläche außerhalb des großen Sterns wird Reihe für Reihe mit Goldgarn ausgefüllt. Das ist arbeitsintensiv und mühevoll, macht jedoch den besonderen Reiz dieser Decke aus. Die breite Häkelspitze wurde zum Abschluß mit Goldgarn umfaßt und bildet einen beruhigenden Abschluß um diese wunderschöne Weihnachtsdecke.

Dezent und wirkungsvoll zugleich kommt dieser naturfarbene, Ton in Ton gearbeitete Läufer zur Geltung.

Für die Stielstichkonturen verwenden wir cremefarbenes Perlgarn, die Flächen werden dann mit einem etwas dunkleren Beigeton

ausgefüllt. Die gleichen Farben finden sich in der Klöppelspitze wieder, so daß ein harmonisches Gesamtbild erreicht wird. Die Schmuckelemente bestehen aus Herzen und stilisierten Blüten, ähnlich denen aus der Weißstickerei.

Wegen seiner recht einfachen und kompakten Anordnung kann das Motiv gut aufgebügelt werden, da Musterabstände kaum beachtet werden müssen.

Diese Lösung kann Ihnen als Anregung dienen, es selbst einmal mit dem Entwurf für ein einfaches Stickmotiv zu versuchen. Um die wiederkehrenden Blüten, Blätter und Herzen formgleich darzustellen, fertigen wir uns eine Schablone an, die bei entsprechender Anordnung nur umzeichnet zu werden braucht. Das fertiggestellte Motiv wird mit einem Bügelstift auf Transparentpapier gepaust und anschließend aufgebügelt.